**CÍRCULO
DE POEMAS**

Quimera

Prisca Agustoni

11   TEMPO VERDE
13   [é disso que se trata]
14   [uma pequena árvore]
15   [não sei nomear os seres da mata]
16   [ser como a deriva]
17   [a cegueira da fala]
18   [enquanto sou refém da mata que cerca a casa]
19   [o silêncio como única morada]
20   [não nascemos para sobreviver à paisagem]
21   [é disso que se trata]
22   [O céu tão azul]
23   [É numa floresta de tijolos onde me afasto
     dos barulhos dos outros]
24   [como abrir em flor a escrita]
25   [Penso em podar a linguagem]
26   [porque voltar ao verde]
27   [A natureza tropical escreve sua história
     com verbos e adjetivos excessivos]
28   [O tempo expõe a maturidade infecciosa
     da polpa e do texto]
29   [Recriar o mundo na escrita]
30   [a janela é uma ferida aberta]
31   [a mata espessa ali em frente]
32   [Escrevo daqui]

33 [é preciso matar o monstro]
34 [De noite]
35 [o quintal é meu outro]
36 [de tarde encontrei o resto de uma lagartixa]
37 [a paisagem está em mim]
38 [tocar o segredo com a visão]

39 EU TAMBÉM SOU A FERA
41 Monólogo do taxidermista (no museu de ciência natural)

71 AS QUIMERAS
73 O despertar dos extintos
75 *Hyneria udlezinye*
76 Bois antigos
77 Revoada
78 Baleias
83 Gato
84 Morcego
86 Orcas
88 O tubarão
89 O cemitério mais antigo do mundo

91 SERES RUPESTRES
93 [caminhamos no sulco]
94 O osso de Lebombo
98 [os humanos atravessam a sala]
99 [a boca famélica da fera]
100 o filósofo-arqueólogo
103 [da arte do cálculo]
104 Tríptico de Laussel
107 [tente ver a imobilidade no que gira]

108 Somos seres de metamorfose I
109 Esfinges
110 Somos seres de metamorfose II
111 *Blue Room*
112 [é disso que se trata]
113 Carregamos a espingarda
115 Imagem de Marte
116 O etnógrafo na sala
119 [toda palavra captura]
120 Tomografia

127 CÉU EXTINTO
129 [É de noite quando se observa melhor
o céu extenso]
131 Degelo
138 Cosmogonias

142 NOTAS

Nous n'avons jamais appartenu à l'aurore.

Roger Caillois

TEMPO VERDE

Ici la vie s'allume à un feu végétal.

Suzanne Césaire

é disso que se trata:

inventar a fé nas corolas
— coroas do reino vegetal,

ser floresta
apesar da rigidez dos ossos

e verdejar o mundo
nem que seja na linguagem

uma pequena árvore
cresce nas zonas úmidas
e sombrias de mim,
está colada às pernas
e atravessa o meridiano
do meu corpo, subindo
lentamente por dentro,
ramificando-se
na coluna vertebral
assim como eu
       antes
escalava seu tronco;
meus braços, os ramos
do seu torso vegetal.
partilho com ela
a vertigem da subida
e a destreza da infância.
juntos somos
essa invasão recíproca
e vivente, uma arraigada
saudade da terra.

não sei nomear os seres da mata,
eles moram em outra língua

a dos que estão do outro lado
no entremundos

perto demais do silêncio

ser como a deriva
infinita de uma pedra,

reaprender o tempo
circunspecto da árvore,

ou o músculo flexível
das heras,

ser abrigo e mistério
na urgência de vida

de uma efeméride,
que dura

um giro da terra
e já será a ceia

dos anfíbios;
saber o curso

invisível do sopro
corpo adentro

pulsando
feito o tambor

surdo dos órgãos,
relógio d'água

ou de sangue
na sentença das horas

a cegueira da fala
cega até os olhos:

o sol ateia seu fogo
sobre o visível

(enquanto coisas invisíveis
ardem em nós)

o mundo se alastra
com rosto e nome
desconhecidos,

como pai
        morto
cujo dente persiste
— destino
inscrito no esqueleto —

no sorriso do neto
que ainda não existe

enquanto sou refém da mata que cerca a casa
com seu arsenal de folhas e sombras

o verde chama,
xamã das vozes eternas:

é a língua vegetal que entoa seus cantos
e me inicia
à condição de ser o que somos:

o silêncio como única morada

não nascemos para sobreviver à paisagem, mas à
                              [consciência da morte

a súbita intuição do seu limite — essa paisagem que
                              [talvez não sobreviva a mim
: o inseto: a flor: a grama

percebem a passagem do meu ser sobre a terra?

essa fatalidade me rende ao desespero,
fecho os olhos, mas a luz me devolve ao corpo que habito

outra vez

é disso que se trata:

fazer do corpo
colmeia e mangue,

geometria de folhas
e ardências,

ser água, fogo
e deserto,

seiva, semente
e fogueira

corpo-floresta

inflorescência

O céu tão azul, tão outro, é um abismo em cor e vertigem. Uma imitação do paraíso. De perto, percebo os sulcos nos muros, as trincas nos vidros. Sob a terra, os bulbos das peônias semeados no ano anterior. Esquecidos. São ossos enterrados que crescem ferozmente como o esqueleto de um corpo desconhecido: cotovelos, joelhos, fêmur, torso, costelas, dedos, unhas, tudo plantado na terra como um inseto encalhado na resina. Você, hirto em sua espera, aguarda que esse núcleo seco floresça e que os talos ramifiquem como urtigas aos quatro cantos da casa.

Não sabia que ao sul as plantas vivem uma germinação violenta.

Menos o musgo, que avança como uma tartaruga sobre as pedras.

É meio-dia e o inferno fere.

Let us all praise the initiation into the
burning loneliness of this place.

Diane di Prima

É numa floresta de tijolos onde me afasto dos barulhos dos outros.

Uma gruta que arranha o inferno dos trópicos, enquanto o calor transforma a pele em plumagem. Os ecos do mundo encostam na parede como as asas de uma borboleta que triscam na lâmpada.

No dia seguinte, só a poeira no chão, a evidência do pouco que somos.

Nessa ilha resplandecente, me afasto aos poucos da luz

e faço da escrita minha maneira de cultivar a terra.

como abrir em flor a escrita
quando ao redor a matéria é estéril?

ao longe vejo a mata múltipla
avançando com seus tentáculos
sobre mim:

deito no quintal
raízes sobem pelos braços
como garras circulares
dessa terra mátria

são heras e hienas
as sombras no chão
enquanto o céu gira
tudo gira
a linguagem gira
meu corpo é motor imóvel
epicentro
de células recicláveis
incorporando-se
à ciranda ao redor

as raízes entram pela boca
se enrolam na língua
descem pela garganta

anfíbia
a voz
míngua

Penso em podar a linguagem, como na estiagem podamos os galhos das árvores. Olho: o quintal, lunar, parece o dorso rugoso de um lagarto imenso, pré-histórico, que dorme. *It's time to find a place to be silent with each other.* Leio esses versos no livro de uma poeta indiana, enquanto vejo a *monstera* majestosa subir lentamente pelo muro de fundo e ocupar a totalidade do meu olhar, agigantar-se até eu não conseguir ver mais nada a não ser o mistério de seus olhos translúcidos.

De repente, não sou mais eu quem observa, mas torno-me a matéria observada.

A tarde trinca entre meu corpo-matéria e os segredos tropicais da *monstera*, e agora não quero estar em nenhum outro lugar a não ser aqui.

Dentro desse instante. Refém dos seus olhos.

Nessa deriva que da orfandade da espécie me leva para o sentimento gregário das plantas.

Aqui, onde alguma forma de comunhão está prestes a germinar.

Aqui, nesse quintal árido e esquecido do mundo.

Aqui, na boca aberta do lagarto ancestral.

porque voltar ao verde
é como plantar em nós
uma segunda infância

A natureza tropical escreve sua história com verbos e adjetivos excessivos, assim como os frutos dobram os galhos carregados — e já implodem invisíveis por dentro

quero aliviar sua narrativa, subtrair peso e cor à exuberância do destino — essa missiva sem destinatário certo
      mas minhas palavras são como mangas que caem da árvore, e ouço o estrondo surdo do fruto no chão — eu as vejo ali, abertas, manchando a grama, a linguagem, o pensamento
          palavras-manga

elas sabem a verão, a calor, a chuva, a sol total que explode na boca
         a putrefação.

Meu texto nasce quente e maduro e escancara sua vontade de domínio sobre a vegetação.

O tempo expõe a maturidade infecciosa da polpa e do texto, suas dobras apodrecendo. Seus açúcares que viram álcool, o cheiro convocando insetos saguis urubus gambás pombas e, finalmente, as células mofadas a carcomê-lo por dentro.

O fruto maduro na fruteira.

O texto excessivo no primeiro rascunho.

Recriar o mundo na escrita, conciso e total como o de uma manga no esplendor da tarde. Um fruto duro que lembra um punho. Ou um coração extraído do peito da mata, pulsante.

Na mesa.

Inteira, inteiro.

Penso que vou devorá-lo, mas é ele que realiza a dominação como método: seu líquido desvia, escorre pelos cantos da boca, mancha as unhas, me devolve meu rosto animal.

Um estágio ancestral da espécie: desgovernada.

a janela é uma ferida aberta
sobre a mata madrasta, metálica,
que traz sons *groovies* e nomes
vegetais derivantes de raízes
e fonemas antigos,
latim com xavante e quimbundo:

uma visão ex nihilo
sobre a tempestade
tropical, esse bálsamo dos dias
— uma lava cor musgo e sangue,

quase um alicate
                    esmagando
pedra, folha, tronco, flor
em seu ventre de veludo
fatal

a mata espessa ali em frente.
Ninguém nela.
O lugar e a existência.
Só precisam do tempo.
Não de nós.

No avesso da paisagem,
apenas a ética feroz do verde

Escrevo daqui, desde esse quintal, o território mais remoto.
O mundo está trancado lá fora, sem palavras. Preso na moldura.

A escrita me amplia, oxigena as palavras, dilata os tempos e
aos poucos se torna uma paisagem outra, mais habitável —
uma floresta que invade tudo — dentro e fora de mim.
Escrevo daqui, com uma estrela na mão, promessa de futura
cintilância — um ofertório para o mundo.

Indício de céu no corpo.

Habito a casa do monstro e me observo como se estivesse
vendo outra sombra, a terceira pessoa que sou.
Ela-eu-nós e os ecos das vidas ao redor.

Juntos formamos essa paisagem involuntária,
a faísca selvagem do orgânico.

é preciso matar o monstro
até me tornar um deles

De noite, na cama, escuto a presença de outros seres que entram no escuro e de lá, desse lugar de transparência e passagem, me protegem: não temos uma língua comum para falar; ainda assim, nos acompanhamos, uns aos outros, para além do limiar de nossa calada solidão:

formamos uma comunidade de simultâneos viventes partilhamos o verde como acontecimento.

o quintal é meu outro
fora de mim.

Quando estou nele
é como estar dentro de alguém

La rebelión consiste en mirar una rosa
hasta pulverizarse los ojos.

Alejandra Pizarnik

de tarde encontrei o resto de uma lagartixa.
Só o rabo estava no quintal, ainda se mexendo.
Amputado do corpo.

Olhei fixamente para a vida que acenava
naquela ruína de réptil:

um bicho me usava como extensão de seu fim.

Foi um abril interminável
rastejando dentro de uma tarde:

de tanto olhar, me perdi na agonia do rabo
à procura do seu corpo final

a paisagem está em mim.
Ela se revela e delimita
a fronteira do meu sentir

uma, duas, três vezes
sempre outra, crua, cebola
de camadas compactas
e sobrepostas.

Eu também sou parte dela.
Ver o céu subir lento
no quintal, pelas frestas
de galhos, troncos e folhas:

é como se através dessas brechas
pudesse ver o mundo
como é visto pelas plantas

tocar o segredo com a visão.
Depois, esquecer de tudo

e voltar a ser quimera

EU TAMBÉM SOU A FERA

Ich bin auch ein Tier.

Leta Semadeni

Monólogo do taxidermista
(no museu de ciência natural)

1.

O corpo, visto desde dentro, é magnífico.

2.

Gosto de trabalhar
no silêncio sepulcral da noite.

Tocar as feras — por certo,
estão mortas — por dentro

vê-las
com a pupila expandida
da pele, o cosmos
infinito
          e mínimo
na ponta dos dedos,

— essa lupa epidérmica:

de olhos fechados
tateio
como são feitas
na furna escura da espécie.

Tudo está macio
e exato —
enxames simétricos
que se encaixam
no côncavo úmido
e intacto

de um invólucro

: somos criaturas perfeitas

3.

Trabalho com animais mortos.

Quero vencer o arremate:
extrair
das garras da morte
pela violência do corte
toda a fúria e a doçura
da espécie

(elixir ou veneno)

dissimular o ataque
com a sutileza dos gestos,

a faca em riste,
a carícia a contrapelo:

essa tática de paz
e de guerra que se trava
na matéria
                    ou na mente

e nelas finda
como quem afunda
                    o medo
nos versos:

se isso me exime
da culpa de quem testa,
tortura e acutila
              não sei,

só sei que eu também sou
uma fera — flâmula, hoje,
cintilante
no escuro da espécie
à espera da mordida,

a primeira ferida
a que tudo doa

a que mais dói

4.

É sempre alguma forma de amor
ou de fúria
a força subterrânea que move o mundo:

antes disso, porém
a mãe
o grito
o corte

um licor de leite
e sangue:

com toda licença,
aqui no museu
o homem-mãe sou eu

5.

Gosto de trabalhar no silêncio
sepulcral do museu.

A noite trabalha em mim:

ela macera, luva macia,
amansa as fronteiras do mundo

e por alguns segundos
migro para dentro
do mistério de outros seres,
na umidade de um reino emplumado:

sou um ser pré-humano,
trabalho o veludo da noite,

inauguro a perda
de mim nesse devir animal,

no abismo que nos separa

6.

Algo da floresta
        e da savana
permanece
enquanto acaricio
e arranco
os órgãos ressecados
da criatura
na bancada:

esse modo antílope
de avançar
ondulando a paisagem

ou o disfarce da onça
com suas patas
tatuadas na pelagem

nesses artefatos
desativados
como membros soltos
disjuntos do todo

peças de um sistema
a ser remontado

algo trinca
no corpo estático
como um diorama:

o galope invisível,
certo rugir nas veias
o espírito em alerta

7.

: fabrico quimeras:

nunca houve uma eternidade
para nós

8.

A mão da criança
que fui
    foi trégua
útero morno
e temporário:

recebeu
o último bater
de asas do beija-flor
semimorto no pátio.

E quando a ave
esteve a salvo
entre meus dedos,

explodiu a tarde,
e ligaram os ponteiros:

o estupor humano
a respiração animal,

dois corações simultâneos
contaminados
pelo mútuo espanto:

o do pássaro
    frenético,

tambor externo ao corpo,
incapaz de parar
seu motor desenfreado

o meu, um músculo
diminuto
como se tivesse
no punho
o manto escuro,
quase fosse
um guru do mundo:

tão pouca coisa
e frágil
a síntese de tudo,

bastaria apertar
um pouco mais
para seu extermínio

9.

Vivo no museu como numa arca,
imensa orca ancestral:

todas as criaturas ajuntam-se
nela
são um único corpo-mosaico

uma origem que ondula
e procria
atrás dos vidros

a devoração se dá
pelo olhar

: reaprender algo sobre nós
mesmos no reflexo
de nosso medo
no olho congelado do outro

(o animal que somos
no reino dos mortos)

sou apenas um domador do tempo
na barriga desse mamífero
— náufrago:

preciso restaurar
os vestígios da doçura
e alguma língua
nesses corpos ocos

10.

O museu é um animal múltiplo

cada setor
replica metamorfoses
amontoa fantasmas

: sou o deus da ficção
e dos seres extintos

não convém
lutar contra o cão tricéfalo:

Cérbero só gosta do mel,
o dulçor da traição

moro no coração pulsante do monstro,
ele come cada ser que aparece

e o tranca
para sempre
no eterno

bem longe de Cronos

11.

Preciso recriar
a íntima organização da paisagem
e da matéria:

calcular a volumetria,
distribuir com exatidão
a coleção de espólios

equilibrar na dosagem certa
no corpo vazio
a realidade e a imitação

compensar com mais beleza
o que já é ruína

como numa tradução
sempre provisória
daquilo que proeza nenhuma
captura:

12.

O processo é bem simples:

abro a caixa, coloco a serpente
rara sobre a bancada,
com o pincel espalho o silicone
nas escamas

o líquido reage
em contato com a pele

vira cautchu

antitabu
essa latência
do vestígio

da vida que desliza
no plástico

o silicone é utilizado também
na confeitaria para fazer *cakes*
muffins e afins

13.

Limpo o interior do animal:

viro-o pelo avesso
estudo sua lógica
instinto de ataque
e defesa

disfarces,
seus encaixes perfeitos

aqui — vejam — já limpei a pele

sigo em frente, mais fundo
até que o sólido
vire flácido
quase líquido

depois desintegro os ossos

tiro a gordura
em excesso
e algum resíduo tóxico

o músculo é o que permite
ao pelo eriçar-se

: penso no desejo:

o músculo é o aparato
mais elástico,
o que converte
o abstrato
em concreto

o pensamento em prazer

: o corpo:
essa máquina de prodígios

14.

Logo distribuo os ícones
em frascos habitáveis

vitrines
corredores iluminados
que visitaremos

vestígios de dinossauros
em novas alas do museu
apreendidos
pelo olho ciclope
e cego do lítio:

filmar, gravar, arquivar
na nuvem

voltar ao Paleoceno
ao universal da febre

rumo à extinção:

a memória é uma forma
de congelamento
e dissolução

15.

O dia em que trouxeram o cervo
foi o auge da traição:

como fazer com lisura
e mão firme
aquilo que o amor
mais teme e de pavor,
dentro de mim, tudo treme?

virar um Osíris extraindo
o coração do anjo,
            um troféu
para pesá-lo
na balança do museu,

como ser juiz da rés morta?

é preciso pedir licença
para atravessar o corpo do irmão

tirá-lo de uma escuridão
para condená-lo a outra

16.

iniciação

o sangue
ainda morno
do cervo
por fim
jorrou
em meu rosto

tatuou
em mim
ad aeternum
um entalhe
como um alto-relevo
na pedra

nosso pacto

a partilha
do mistério

17.

É quando meu lado animal me domina:

eu misturo-me às feras,
nelas me encontro
e me perco:

suas almas saindo da noite
enquanto eu arrio nela:

o animal em sua noite
            mais profunda
acontece,

seu avançar escuro
e imóvel
            no vazio
rumoreja em mim

e eu toco nessa outra noite

toco nesse mundo
que é o das feras

18.

Somos agora uma coisa só:

nesse instante que se dá
sobre outro mundo

nesse toque no cerne do outro
(uma escrita primeva)

inauguro um modo de estar,
nossa irmandade

: a gramática dos extintos

19.

Minha tarefa sempre foi essa:

devolver às criaturas
sopro, viço, asa
pele rediviva

um novo marco zero

uma antimorte,
a renascença nos ossos

20.

Vejam vocês,
pelo menos não acabam no lixo
esses corpos sem viço

eles atravessam
as eras, comigo, são flores
secas entre as páginas de um livro
que coleciona cartas de amor
de amantes
que já morreram

e nas cartas
o amor é chama
que encandeia

sempre-viva

21.

Organizam-se visitas noturnas:

as pessoas chegam com as tochas
para adivinhar um destino
encantado no silicone

a imobilidade
como danação

as visitas descobrem seres eternos
contra a vontade da matéria,
uma síntese da existência.

Às vezes a luz se apaga
e erramos
cercados pelas múmias
renascidas do futuro:

no escuro
elas enxergam
o invisível

22.

Quando criança, meus pais costumavam caminhar
comigo no bosque dando nome a tudo o que viam:
a língua era nosso único tentáculo para possuir o mundo,
torná-lo próximo, familiar,

até devorá-lo.

*É preciso olhar mil vezes para uma mesma planta, deixar
ressoar em ti o nome da coisa para que a coisa comece a ser
a coisa em si* — dizia minha mãe —

*nomear cada criatura é um exercício ecológico:
somos seres gregários, meu filho, destinados
a habitar a paisagem que por sua vez nos habita*

*e nos nomeia:
carvalho, pereira, silva, oliveira, pinheiro
— são nossa linhagem.*

Aprendi com eles a multiplicar os gestos,
a minúcia do olhar, o arquivo de assombros
e crueldades contra o que rui,

a florescer como ser vivo entre os vivos,
e acontecer
na distância necessária para vingar

23.

lição sobre o fim

Uma vez tive um gato que brincava com os insetos e
[matava os ratos.
Uma vez soterrei o rato no quintal junto aos meus
[brinquedos.
Tempos depois, sem querer, procurando um carrinho
[enterrado,
o que achei foi a ossada do rato.

O menino que fui viu aquela réstia de matéria
viva que enraizava

fóssil de um ser que em dois meses recuou dois séculos

*eu toquei com a mão o ser na plenitude, o pelo translúcido
do rato: somos essa matéria quebradiça,* pensei, *que viaja*
[*no tempo*

por isso meu disfarce: ser Caronte, o barqueiro
entre as orlas, o mensageiro dos encantados

24.

Somos criaturas perfeitas
e sem maldade
quando retornadas
da extinção

como primatas
que erguem a coluna
e voltam a andar
reinventando um horizonte.

Não me julguem, por favor,
apenas sigam-me

nas salas escuras do museu

para conhecer minha família
congelada no eterno

AS QUIMERAS

alheio — contudo tão próximo.

Max Martins

O *despertar dos extintos*

E se agora, todos juntos, abrirmos os olhos:

se decidirmos voltar
implodindo as previsões,
os cálculos exatos sobre nosso término:

emergir da terra,
sair de sedimentos oceânicos
ou recompor osso por osso
dente por dente
nossa frágil arquitetura;

se largarmos de vez os museus
e trouxermos
o que aprendemos do outro lado;

e se, aos poucos, nos organizarmos
direito para empurrar vocês,
todos vocês,
para a sala dos experimentos:

e lá extrair seus fígados
e estômagos, conservá-los em vidros
com formalina;

nas ampolas jogaríamos o cérebro
de algum espécime de homem,
quase fosse
uma serpente totêmica:

após um apurado estudo
de acordo com o método
mais científico

chegaríamos às conclusões
mais sombrias
sobre a sorte do homo sapiens;

se resolvermos obrigá-los
à perene transumância
da floresta para a gaiola
ou à metamorfose
do ser cão em ser adorno;

se quisermos expulsá-los
do inferno e da curvatura do sonho

para condená-los
ao que resta
ao pouco que sobra:

alguma lembrança incerta
uma fosca visão do presente

e alguma rara fantasia de futuro:

qual legado inventariam,
sem olhos, sem filhos, sem sonhos,

sem palavras, sem sexo?

Hyneria udlezinye

Estive aqui bem antes de vocês:

sou um antepassado
de vossa estirpe carnívora

me condenam por ser
o maior predador dos abismos
aquele que devorava seus irmãos

mas sou apenas outro
feroz idêntico a vocês,
porém colossal

vivi no ecossistema
dos primeiros artrópodes
camuflados na pedra

sedimentei
nas profundezas da história:
foi lá que todos começaram
comigo
a dar os primeiros passos
fora da água
rumo ao continente

recém-saídos do Gondwana

Bois antigos

Cruzo com um rebanho de bois.
Lindos, mansos, antigos.
Pretos e brancos.
Vão calados margeando o rio.
No entardecer, voltam para aquele lugar
que será o passado.

Avançam silenciosos na névoa.
Carregam consigo os mistérios.

Revoada

Olha para esses pássaros
guiados pelas constelações:

na memória
as garças se misturam
com o voo das andorinhas que vi
numa tarde quente em Lisboa

na memória
atravessam as páginas abertas
do meu caderno, as garças
entram à direita
e saem, andorinhas, pela esquerda

como numa tradução
dissolvendo as fronteiras,
uma língua confundindo-se na outra

Baleias

1.

Considerem sua enorme geografia:

a baleia é um país em movimento,
impossível inseri-lo nos mapas:

às vezes vira ilhota,
outras vezes, mar aberto.

2.

O coração da baleia
pode chegar a 180 quilos
e 3 m³ de volume:

seu corpo imenso
parece um monolito
mas é uma profusão
de células, glóbulos,
vértebras, óvulos:

tudo o que vive
é reduzível ao átimo.

3.

E há as leves, incorpóreas:
deslizam na zona mais profunda
da memória

atravessam o imaginário
pacífico e sobem à superfície:

em suas bocas cabem todas as fábulas
criadas em nossas línguas

e a lenta escuridão

4.

Cada baleia é um artefato
mamífero e polígamo,

cetáceo com ancestral
de hipopótamo:

tem patas camufladas
— resquícios
do quadrúpede
que já foi

como nossos sisos,
rastros de seres primitivos;

revelam a idade
no tamanho do dente
como tronco cortado

mas amam como toda
mãe que ama:

astro mínimo na poeira cósmica

5.

Imaginem sua autonomia:

a baleia respira
fora da água
mas demora
até 90 horas
em apneia
com o céu na barriga:

do seu canto lunar
depende a sobrevida,

quais paisagens fabrica
quais imagens leva
consigo no lento leito
marinho e em sua fantasia
de animal infinito?

Gato

Minhas unhas
— armadilhas
espalhadas
pela casa
pontas de flechas
arpões
largados pela estrada

gestos de alerta
para os demais,

balizas
de minha soberania,
centelhas
contra as invasões
de meus iguais

outras vezes
bandeiras brancas
cravadas
no campo de batalha

vírgulas
de um texto
em construção

: viver é semear sinais

Morcego

Eis que o rastro do morcego
arranha a porcelana da noite.

Rilke

O voo
uma dança errante

traço angustiado
que esboça no ar
uma sentença

(a confissão
de um equívoco)

que já já
desmancha:

sou um mamífero
alado
com inveja dos pássaros

espanto
de si
da própria sorte

refém do peso
da espécie,

seu pedaço
de infinito
é o curto espaço
        da noite:

logo volta
à ameaça
da queda

rasurando
seu destino
pelas frestas

Orcas

para Ruth Gantert,
pela conversa no Kunsthaus em Zurique

"'o cérebro das orcas é resultado de 50 mi-
lhões de anos de evolução', afirma o biólogo
Dan Olse, do centro de estudo no Alasca.
'É difícil entender seu comportamento, sub-
metê-las à ressonância magnética. Elas
são conhecidas pela inteligência e pelas
extraordinárias técnicas de caça coope-
rativa, que faz com que vençam contra
os tubarões-brancos e contra as baleias
mais majestosas.'"

Vêm em bando,
atacam os barcos
ao largo —

há afundamentos:

são nove orcas fêmeas,
sempre as mesmas,

o alvo não é
humano, mas
o leme dos veleiros;

não matam,
só atacam

e se vão.

O ataque é vingança
ou diversão?

Há controvérsias.

Humanos estudam
as táticas de guerra
do pelotão de orcas

catalogam
seus assaltos e recuos
para antecipar
possíveis zonas de tensão

mas
como num poema
o difícil é prever

o que não é
nem nunca será
fórmula vazia,

língua
sem contágio
ou ferida

O tubarão

No salão reservado aos aquários
não sei quem é refém de quem
na fúria do outro:

há um mundo
dentro de outro mundo

e capto, no breve lapso de seu rabo
passando de raspão pelo meu rosto,
o vidro como um teste de contato

seu olhar me devorando:

sou para ele um invasor
disperso,
um ser submerso
no grande aberto do seu reino

: um tremor de cílio no universo

O cemitério mais antigo do mundo

não é façanha humana:

encontraram
restos mortais
de hominídeos
de 200 mil anos
antes de Cristo

seus cérebros como bergamotas
já sabiam
a vida cíclica
o choro trêmulo
o rito fúnebre
o fedor cítrico

a distância entre a estrela
e a aranha:

criar símbolos
deixar rastros
enterrar seus mortos

não é privilégio do homo sapiens
e sim daquilo que pulsa

nômade
e imprevisto

SERES RUPESTRES

*Imóvel a grande mandíbula
tua enorme palavra parada no ar*

Max Martins

*peço um coração
nuclear*

Daniel Faria

caminhamos no sulco
de quem ainda virá

antes de nós

seres de água e pedra,
seres metamórficos
e escamas colossais

mergulhados
como escafandristas
num silêncio abissal

O osso de Lebombo

da descoberta de um artefato paleolítico
na Suazilândia

I.

acharam vinte e nove marcas
no osso do fêmur:

cada fóssil exumado
é a letra submersa de uma língua
remota, que volta

há séculos dormente
sob a tundra.

somos incapazes de traduzir
esses gestos,
esses rasgos na matéria
efêmera do tempo

(é feminina a mão
que grava suas luas
no osso)

— mensagem na garrafa
que esperou por milênios
no alfabeto da terra,
invernando

— criatura arcaica
que um dia desperta

a memória insondável
do ovo que perdura
e sangra

II.

o objeto inanimado
é uma máquina do tempo,

avança lento e inerte
do mistério da espécie
rumo ao primórdio da morte

seu ser transitório e oculto
lembra uma lesma noturna
que rasteja
e deixa rastros de muco
no muro;

é um rudimento leve
servindo talvez como lança
em caso de defesa

contra monstros alados,
corpos celestes, verdes, roxos

ou em caso de ataque
contra lascas de vidro
refletindo seus próprios rostos
assustados

numa precária educação
pela quebra

III.

reaprender a ler a história
recuando
      — ao avesso,

como alfabeto semítico
que força outra crença
e órbita dos olhos,

tentar adivinhar o encaixe
certo de um artefato
há milênios perdido
      do corpo

apesar do coração que falta
e silencia,

aceitar a transumância
dos cervos sagrados
rumo aos muros da caverna,
e o secreto convite das espécies:

uma frágil irmandade na pedra

os humanos atravessam a sala
entram nos espelhos

estão querendo matar a história,
o machado na mão;

fique desnascido, filho,
aguarde a maceração dos ossos

virá a noite e com ela
aprenderás a palavra

a boca famélica da fera
abocanha a noite:

ela sangra
por dentro
como poente:

depois do silêncio

a fala
amanhece vermelha

o filósofo-arqueólogo

para Carlito Azevedo

pegar uma pista
avançar nela, andar,
cavar mais fundo
abrir furos, túneis,
túmulos, mundos —
penetrar mais,
seguir em círculos
construindo teses
e hipóteses

exumar cidades antigas
afundadas na memória
de um povo,
traçar um mapa
imaginário de eras
e seres longínquos,
astros, meteoros,
esqueletos

até achar os restos
do que nunca fomos,
a ruína que edifica:

um corpo decomposto
— biblioteca de ossos.

Medir pela mandíbula
nosso dicionário, o fôlego
do mito,

e pela dentição
o tamanho da fome
e a extensão do gozo;

no entanto,
não satisfeito,
cavar mais,
entrar nos túneis,
virar outro,
um tatu-escafandrista
alucinado

por fim perder-se
no labirinto
sombrio da mente
para ir além,
insistir
rumo ao zênite,
cada vez mais
longe da luz,
perder o eco
da própria voz

perto do átomo
infinitesimal,

desconhecer
o peso

do próprio corpo,
astronauta
banido do céu
enterrado
na cápsula que gira
no espaço sideral,

argonauta
em eterna expedição,
girando, girando
ao redor do eixo,

desterrado

cego pelas trevas
órfão de palavras

da arte do cálculo
a arte da sedução:

a narrativa calada de um fóssil

Tríptico de Laussel

Porque uma mulher
nunca caminha sozinha
desde o começo dos tempos

Vênus de Laussel

A mulher-totem
esculpida na pedra
recusa a divindade
prefere a história:

voltada para o gênesis
fecunda o mundo
com seus dois orifícios
interligados
que são um único:

a boca-vagina.

Dela nascem ritos,
fábulas sobre os mênstruos

cantos e alegorias
de rubra argila tingidos.

Na mão segura um corno
com treze entalhes treze
novilúnios:

a outra mão aponta
para a genitália.

Vênus de Berlim

A guerra mata pessoas
e seus vestígios:

apesar do sumiço na pedra,

é possível erguer outra história
partindo das ruínas

como mofo que invade
e encobre o que tem vida:

uma nova narrativa
além da matéria

Femme à la tête quadrillée

"Mulher com a cabeça coberta
em baixo-relevo:
segura na mão
um corno"

seu telescópio

que mede a rotação astral
de sol a sol
de lua a lua

até completar
a metamorfose

até que o plenilúnio
habite seu ventre
e o ventre das outras —

todas as mães do mundo
devem às Vênus de pedra

o cálculo inexato dos dias
até o futuro chegar
no rosto rugoso
do neonato.

tente ver a imobilidade no que gira
tente ver a rotação no que está imóvel

agora, tente escrever sobre o que sempre escapa
com palavras que duram até a vista
se cansar
       e virar a página

Somos seres de metamorfose I

o pássaro paleolítico fugiu da pedra,
abandonou sua condição de ser
humana ideia de pássaro
arcaico
ou rastro de um mito em ruína
na pedra:

aprendeu a voar fora
do cativeiro
de nossa fabulação

aprendeu a ser qualquer coisa
de mutante e migrante

— antipássaro na antimatéria —

aprendeu a ser apenas ave
longe da linguagem

Esfinges

do que morrem
os gatos
quando morrem
no silêncio da morte
lenta que lenta
os consome
longe dos olhos
antes da inexorável
consciência da morte?

como suportam morrer
cada dia um pouco
os gatos sem a palavra
e sem poder traduzir
em lamentos
o desespero
sobre a morte lenta
que os corrói?

onde vão
quando se vão
os gatos que
nos devolvem
à indefesa solidão
enquanto entram
no império do menos
do pouco
e lá
ficam esperando por nós?

Somos seres de metamorfose II

O que sobra
para a palavra
quando dela desaba

a pedra
a árvore
o céu
a estrela

?

o que fica
após a solidão da palavra
no mundo agora zerado

?

A coisa-em-si.
E novas verdes palavras.

Blue Room

*A partir da recente descoberta
de um santuário azul submerso em Pompeia*

nas ruínas da cidade fantasma
escutam-se hoje alguns ruídos:

são os corpos-espectros
dos retornados

mil anos depois emergem
no cemitério do Mediterrâneo,

são os espíritos que habitam
os novos sacrificados:

: seus gritos ressoam
no átrio do santuário;

seus dedos apontam
os irmãos ainda vivos

pintados nos mosaicos
das quatro estações do ano.

A quinta, no entanto,
continua faltando.

é disso que se trata:

sobreviver no tempo selvagem
da nossa destruição

no futuro anterior
à linguagem vegetal

até fundarmos do zero
o mito, a estrela, a gruta

mergulhar enfim na noite

     e sonhar

Carregamos a espingarda

de uma viagem à Serra da Capivara

I.

Somos seres de natureza nômade.

A seca trouxe
o primeiro hominídeo
que cruzou as águas
e pisou nessa terra

desértica, árida, arcaica.

Com ele, chegou a migrância.

Partilhamos o sopro
com os neandertais,
e o uso do fogo

para chamar
ou espantar os espíritos.

Observar as rochas pintadas
é como tentar rebobinar
uma memória partida:

arrancaram sua raiz,
ela não nos sustenta:

somos criaturas cambaleantes.

II.

O caçador que habita a pedra
me persegue com sua espingarda:

saberá ele que eu também escondo
minha oficina lítica
num caderno quadriculado
onde fabrico utensílios de combate

(palavras e outros disparos)

porque me sei
sempre ameaçada pela fera?

Imagem de Marte

pedra arenosa
fuligem
areia pedregosa

pedra e areia
fuligem
areia e pedra

pedras pretas
fuligem
terra vermelha

ferrugem
fuligem
ferrugem

e água

O etnógrafo na sala

I.

Meu filho suja a sala
com pegadas de barro e risadas:

esses rastros que ainda correm
da infância para o quintal,
pedaços de terra espalhados ao acaso
como sinópias de outros tempos

são os primeiros sinais
de uma estranha descoberta:

a memória também é um armazém
ou terraplanagem,
terra nova sobre terra velha

uma lenta sedimentação que avança.

II.

Aqueles mesmos rastros entram
invisíveis no sangue
e são o roteiro dos nossos pés
como fósseis, como garras
cavando
entre raízes familiares
detritos e relva
onde só dentes agudos
resistem e traduzem
o manuscrito antigo da espécie:

a curva maliciosa do teu lábio,
uma citação de outros lábios.

III.

Teus rastros são o que sobra da alegria
que aperta nossa garganta
enquanto constróis, filho,
com tijolos de plástico,
torres amarelas, vermelhas e azuis,
toda uma cidade fantasma
erguida no vazio,
o olhar sério do criador
voltado para sua criação.

Por fim jogas no chão
as torres de Lego,
tua pequena civilização

e o que segue
no átimo após a catástrofe
são teus olhos radiantes
        — dois faróis,
átomos que giram
e iluminam alguma trilha

em nós, onde tudo é deriva,
silencioso desmoronamento.

toda palavra captura
de forma imprecisa
o que desde sempre
foge e resiste aquém dela,

algo que está dado,
existe
em mineral espera

mas em nossa mente fere
e martela.

toda palavra revela
nosso desejo antigo
de nomear o mistério

na incansável reprise
do humano que cogita
dominar as estrelas

mas é vencido
pelo diminuto ferrão
de uma abelha
sob a pele.

Tomografia

A Antonio, na sala escura, numa tarde de maio e de medo

scanner

vejo seu cérebro
centuplicado em lascas

asas de libélula
com vento e veias
dentro delas

águas-vivas
flutuando no escuro
do acetato

       o que vive
é delicado e esponjoso

tem perímetro luminoso
de cogumelo

: abrir a máquina do infinito
preso no crânio

: fatiar o labirinto
cinzento
das ideias,
        gravá-las

no negativo
da matéria

: imaginar
ao invés da análise
do coágulo cerebral

o nascer
de pequenas florestas submersas

raio X

Ler através dos tecidos humanos,
como calor que atravessa as janelas

ou desejo, condutor invisível que aciona a pele;

ler os sinais da fratura craniana
como a chuva fininha que penetra na mata

ou memória, que se cura e sobrevive ao trauma;

ver no acetato o que o olho não alcança,
no osso trincado, a despedida da infância,

dois continentes à deriva sob o rosto da criança

iceberg

Massa cefálica intacta.
Substância branca e cinzenta
apresentam aspecto preservado.

Osso de fundo craniano
em alto-relevo:

extenso traço de fratura
longitudinal frontal
à direita
(sem desalinhamento
de fragmentos)
que do queixo
vai subindo
até o crânio

sob a pele lisa do meu filho
duas placas tectônicas
deslizam, descoladas

o bom é que nenhum afunda
diz o especialista
nenhum saiu da linha

de um lado, a infância que sorri
do outro, a cratera que avança;

penso no método de flutuação
e camuflagem do iceberg:

o que somos,
a máquina que move em nós
dardos e destino
é da ordem do acaso;

leio sobre o A68
o maior iceberg-estrela
do mundo,
do tamanho da Palestina;

ele soltou da plataforma
de gelo Larson C, na Antártica
e ficou parado por um ano:

logo flutuou para o norte
até o Atlântico, onde por fim
fragmentou-se
em partículas cada vez menores
até sumir.

O mundo todo acompanhou
ao vivo a evolução da fenda,
o derretimento da matéria

(assim como agora acompanho
o lento, lentíssimo recuo
da ravina no crânio do meu filho)

e a liquefação da Palestina.

migrar

a coluna vertebral
é teu atestado de pertença
à espécie:

palco de retorno
do dinossauro
que range
e força sua avançada
entre as vértebras,

a fronteira óssea
de um país
que te recebe
e te educa à perda:

o que sobra
após a queda
é um lagarto
pré-histórico
agarrado às costas

e essa migrância
que viaja
de vértebra em vértebra

retorno

teu mapa astral dos ossos
escreve
nossa evolução

registra
a fratura e o fóssil
de que viemos:

epopeias, sagas, batalhas
mortíferas, reis destronados

cosmogonias e colisões,
os acúmulos de cálcio
fósforo e potássio,

as revoluções,
certa nostalgia do rabo

a lenta migração
dos homens
do vasto para o exíguo

do hominídeo
para o alienígena

da era paleolítica
para a era eletromagnética

CÉU EXTINTO

*Em meio, pois, de treva
e luz, calor e frio,
prossegue o nosso globo
seu giro no vazio.*

Joseph Brodsky

É de noite quando se observa melhor o céu extenso.

O que nele se dilata
e encolhe,

quimera ou dragão,
sopro cálido de animal gigante,
forma mutante
que dorme em nós;

acima, só estrelas,
buracos negros,
asteroides e cometas

corpos visíveis no corpo invisível
de tão vasto

— não cabe no pensamento,
nem no tempo do nosso tempo.

Depois dos astros, perto do infinito
flutua no espaço

a galáxia

neutra, andrógina, imensa

— baleia-azul que habita
os mistérios do azul

e nos engole
em seu ventre mamífero
e materno —

tudo nebuloso e gravitando
solto, gasoso, atemporal

mitos em queda livre,
deuses em pânico,
a matéria em eclipse.

É de noite quando se flutua melhor no céu extinto.

Degelo

1.

Escutem:

é um rugir rouco
meu lamento,
o derreter
do silêncio
junto ao gelo:
treme e avança
recuando no tempo
a flor de neve
que emerge do manto
branco como artefato
submerso e desce
rio abaixo, encobrindo
a memória
das pedras,
como seres arcaicos
hibernando:

sou o permafrost

2.

No começo tudo era frio. E calada nudez. O tempo boiava imóvel no gelo, como inseto na proveta. Sem vida animal visível, nem humana, reinava apenas aquela extensão de branco que transborda

e não transborda — os perímetros da matéria sólida não são os mesmos da matéria líquida (as fronteiras nunca são as mesmas dependendo de quem as atravessa).

Nessa leitosa forma de existência, nessa dilatação infinita do tempo, o acontecimento da tribo mineral: dias, meses, anos e séculos desenham na pedra novas derivas geológicas

as glaciações

Assim começa a missão estelar: o tempo que cava no tempo, a matéria que rói a matéria.
Atrás da paisagem, já estávamos ali, à espera, mestres do fogo e da pólvora, sonâmbulos do futuro.

3.

É o lamento surdo do cristal
e do quartzo:

se prestarem atenção
se vigiarem o amanhã
que vocês todos foram
antes da catástrofe,
quando ainda não havia
nem medos nem facas
que pudessem
arrancar o gelo
                ou a alegria

escutarão as vozes
sagradas do Pleistoceno:
elas estão aqui, em nós,
e têm pressa

falam da montanha
que treme e lentamente
derrete

como nuvem
varrida pelo vento

ou céu, colapsando

4.

É uma força de gravidade ao contrário, a que empurra tudo
para o alto. A fronteira do branco é também

a fronteira da espécie

A língua escura deixada pelo degelo será um território ha-
bitável, onde outras criaturas poderão se refugiar.

A vegetação, porém, não migra tão rápido quanto os ani-
mais, não coloniza a nova paisagem como fizeram os hu-
manos. As espécies selvagens que chegarem encontrarão
pedras no lugar do campo de flores,
e terão que aprender a sugar o tutano da pedra

para florescerem no branco.

5.

Chegar até o alto da montanha para nos acharmos prote-
gidos dos escombros. No entanto. Há destroços: na man-
cha de gelo morto, sem rastros de sua migração.
São os dentes salientes de uma boca de rocha

        suas cáries
        suas crateras.

É como uma bandeira branca içada em campo de guerra,
sem sobreviventes para quem puder perguntar:

onde está a mão que a cravou?

6.

Os lagos pré-glaciais boiam como ilhas azuis no meio do deserto.

São belíssimos e medonhos. Multiplicam-se e rodeiam a paisagem, verão após verão, são os grumos insidiosos que crivam a fotografia. Brilham contra a luz — são pequenos asteroides fragmentando-se ao colidirem uns contra os outros. Cistos — sonhos de um improvável futuro — registram a destruição

ou algum ressurgimento

7.

Intuir o que acontecerá em dois, três anos com os íbex,
com as espécies selvagens, com as placas de gelo e com
os lagos — e não poder evitá-lo.

Somos todos reféns de uma língua escura.

E insistimos no sonho do branco.

Cosmogonias

Your loyalty is not to me
But to the stars above

Bob Dylan

1.

ficar de pé
cria os objetos,
o horizonte das coisas possíveis
e finitas

ao deitar
só existe o céu perpétuo

— o campo de visão
cria o campo da realidade —

foi assim como se inventaram
mitos e medos;

tente agora deitar
no meio da mata
onde ela é mais fechada

e repita o exercício:

depois me diga onde fica
o estrelado céu:

o insondável

2.

somos um ponto infinitesimal
um corpúsculo de energia
no espaço

somos esse rodar de intenções
e átomos
na mão de ferro do universo

    (atrás da esquina
    os objetos reais
    já se tornam abstratos)

    somem
    na vastidão astronômica

no entanto

insistimos
na utopia de foguetes
e astronaves

3.

o desejo de chegar ao céu
viaja conosco

não é extrínseco
uma realidade em si

pelo contrário

somos nós os criadores
e traidores da mentira

que sanciona nossa estrela:

balão que mão nenhuma
segura

ainda assim,
a cada voo
o espanto renova
a desmemória:

e orbitamos

cosmonautas
em êxtase

na escuridão mais cintilante

4.

não fosse isso, me diz,
como se surpreenderia
com a vida

ainda?

Notas

TEMPO VERDE

Seis poemas saíram em 2023 em italiano na revista *Medical Humanities*, da Suíça, numa versão bem diferente e que está sendo trabalhada para uma coletânea inédita na Itália.

EU TAMBÉM SOU A FERA

Esse longo monólogo foi inspirado pelo diálogo com um taxidermista suíço. Obviamente, eu ficcionalizei quase tudo: algumas poucas afirmações que ele fez, em conversas comigo, foram suficientes para criar essa personagem que me assombrou por anos. São fragmentos de algo que, quem sabe, ainda pretendo encenar um dia no palco.

AS QUIMERAS

O poema "Orcas" foi inspirado pela seguinte matéria: <www.nationalgeographic.it/perche-le-orche-attaccano-le-barche>.

O título do poema *"Hyneria udlezinye"* significa, em Xhosa, uma das línguas oficiais da África do Sul, "aquele que come os outros". De acordo com as pesquisas científicas, trata-se do maior peixe ósseo da Pré-História.

O poema "Baleias" é um diálogo aberto com o poema "Espermaceti" da poeta mexicana Isabel Zapata, cujo livro *Una ballena es un país* é dos livros mais lindos que li nos últimos anos.

O poema "O cemitério mais antigo do mundo" foi inspirado pela seguinte notícia: <www.olhardigital.com.br/2024/06/20/ciencia-e-espaco/cemiterio-mais-antigo-ja-encontrado-nao-foi-criado-pela-nossa-especie>.

SERES RUPESTRES

A sequência de poemas "Tríptico de Laussel" é inspirada pelas estatuetas paleolíticas encontradas em 1909 pelo cientista Jean-Gaston Lalanne, na estação arqueológica de Laussel, na Dordonha francesa. É uma estatueta talhada num bloco de pedra calcária dura; representa uma mulher despida, que na mão direita segura um corno de bisão.

O poema *"Blue Room"* foi escrito a partir da notícia da recente descoberta de um quarto azul, em escavações em Pompeia, onde supostamente eram guardados os instrumentos e objetos sagrados. Imaginei quem fossem os novos habitantes de uma Pompeia submersa: os migrantes que todos os dias morrem no mar Mediterrâneo.

O poema "Imagem de Marte" parte de algumas das mais recentes imagens de Marte gravadas pela Nasa.

O longo poema em partes "Tomografia" foi escrito observando os exames — raios X e tomografias — do cérebro e da coluna vertebral do meu filho, em ocasião de um grave acidente que ele sofreu em maio de 2024. Para a escrita de "iceberg", eu estava procurando artigos que falassem do método de deslocamento dos icebergs, quando me deparei com um artigo que falava do maior iceberg da história, o A68. A primeira frase do artigo diz: "Ele era do tamanho de um país pequeno — equivalente à área da Palestina hoje". Foi um choque. Como não pensar na (triste) casualidade entre a tragédia humanitária internacional em curso e minha pequena tragédia íntima? Como evitar a colisão entre esses dois mundos, dois icebergs aparentemente distantes que se encontravam nesse instante em meu poema? Aqui o link da matéria: <www.bbc.com/portuguese/geral-56796744>.

CÉU EXTINTO

O longo poema em partes "Degelo" foi escrito inicialmente em italiano, para um projeto itinerante (exposição fotográfica, performances, leituras que ocorrem em cidades suíças entre 2024-25) que tematiza o derretimento dos Alpes. Os poemas foram traduzidos ao francês por minha tradutora Anita Rochédy e publicados no jornal literário de Genebra *La couleur des jours*, n. 51, jun. 2024. São totalmente inéditos em português.

O verso "o estrelado céu" presente no poema "Cosmogonias" é a citação de um verso de Orides Fontela.

Agradeço a meu irmão Stefano Agustoni, geólogo suíço, pelas muitas conversas sobre o aquecimento global e o derretimento dos Alpes.

Notas de leitura

Notas de leitura

Copyright © 2025 Prisca Agustoni
Mediante acordo com MTS Agência

Todos os direitos reservados. Nenhuma parte desta obra pode ser reproduzida, arquivada ou transmitida de nenhuma forma ou por nenhum meio sem a permissão expressa e por escrito da Editora Fósforo.

DIREÇÃO EDITORIAL Fernanda Diamant e Rita Mattar
COORDENAÇÃO DA COLEÇÃO E EDIÇÃO Tarso de Melo
COORDENAÇÃO EDITORIAL Juliana de A. Rodrigues
ASSISTENTE EDITORIAL Millena Machado
REVISÃO Eduardo Russo
DIRETORA DE ARTE Julia Monteiro
PROJETO GRÁFICO Alles Blau
EDITORAÇÃO ELETRÔNICA Página Viva

A marca FSC® é a garantia de que a madeira utilizada na fabricação do papel deste livro provém de florestas gerenciadas de maneira ambientalmente correta, socialmente justa e economicamente viável e de outras fontes de origem controlada.

CIP-BRASIL. CATALOGAÇÃO NA PUBLICAÇÃO
SINDICATO NACIONAL DOS EDITORES DE LIVROS, RJ

A238q

Agustoni, Prisca
    Quimera / Prisca Agustoni. — 1. ed. — São Paulo : Círculo de
Poemas, 2025.

    ISBN: 978-65-6139-050-7

    1. Poesia brasileira. I. Título.

24-94952

CDD: 869.1
CDU: 82-1(81)

Meri Gleice Rodrigues de Souza — Bibliotecária — CRB-7/6439

circulodepoemas.com.br
fosforoeditora.com.br

Editora Fósforo
Rua 24 de Maio, 270/276, 10º andar
01041-001 — São Paulo/SP — Brasil

CÍRCULO DE POEMAS

O **Círculo de Poemas** é a coleção de poesia da editora Fósforo que também funciona como clube de assinaturas. Seu catálogo é composto por grandes autores brasileiros e estrangeiros, contemporâneos e clássicos, além de novas vozes e resgates de obras importantes. Os assinantes do clube recebem dois livros por mês — e dão um apoio fundamental para a coleção. Veja nossos últimos lançamentos:

LIVROS

Poesia 1969-2021. Duda Machado.
Cantos à beira-mar e outros poemas. Maria Firmina dos Reis.
Poema do desaparecimento. Laura Liuzzi.
Cancioneiro geral [1962-2023]. José Carlos Capinan.
Geografia íntima do deserto e outras paisagens reunidas. Micheliny Verunschk.
Quadril & Queda. Bianca Gonçalves.
A água veio do Sol, disse o breu. Marcelo Ariel.
Poemas em coletânea. Jon Fosse (trad. Leonardo Pinto Silva).
Destinatário desconhecido: uma antologia poética (1957-2023). Hans Magnus Enzensberger (trad. Daniel Arelli).
O dia. Mailson Furtado.
O Kit de Sobrevivência do Descobridor Português no Mundo Anticolonial. Patrícia Lino.
Se o mundo e o amor fossem jovens. Stephen Sexton (trad. Ana Guadalupe).

PLAQUETES

Mistura adúltera de tudo: a poesia brasileira dos anos 1970 até aqui. Renan Nuernberger.
Cardumes de borboletas: quatro poetas brasileiras do século XIX. Ana Rüsche e Lubi Prates (orgs.).
A superfície dos dias: o poema como modo de perceber. Luiza Leite.
cova profunda é a boca das mulheres estranhas. Mar Becker.
Ranho e sanha. Guilherme Gontijo Flores.
Palavra nenhuma. Lilian Sais.
blue dream. Sabrinna Alento Mourão.
E depois também. João Bandeira.
Soneto, a exceção à regra. André Capilé e Paulo Henriques Britto.
Inferninho. Natasha Felix.
Cacto na boca. Gianni Gianni.
O clarão das frestas: dez lições de haicai encontradas na rua. Felipe Moreno.

Para conhecer a coleção completa, assinar o clube e doar uma assinatura, acesse:
www.circulodepoemas.com.br

CÍRCULO DE POEMAS

Este livro foi composto em GT Alpina e
GT Flexa e impresso pela gráfica Ipsis
em novembro de 2024.
Verdejar o mundo,
nem que seja
na linguagem.